Vortrag gehalten von Dr. WOLFGANG JONAS
in der Sitzung der Klasse für Philosophie, Geschichte, Staats-, Rechts- und Wirtschaftswissenschaften vom 7. 11. 1963
Zum Druck genehmigt am gleichen Tage, ausgegeben am 7. 3. 1964

Erschienen im Akademie-Verlag GmbH, Berlin W 8, Leipziger Straße 3–4

Lizenznummer: 202 · 100/18/64
Gesamtherstellung: IV/2/14 · VEB Werkdruck Gräfenhainichen · 2255
Bestellnummer: 2010/64/VI/2 · ES 5 B 2 · Preis: DM 1,50

Sehr geehrter Herr Sekretar!

Verehrte Herren Professoren!

Gestatten Sie mir, die Gelegenheit, die Sie mir geboten haben, vor diesem Gremium der Mitglieder der Akademie über unsere Forschungsarbeiten zu sprechen – wofür ich meinen besonderen Dank aussprechen möchte – dazu zu benutzen, über ein Gebiet der Gesellschaftswissenschaft zu sprechen, das von seiten der marxistischen Forschung in der Vergangenheit stark vernachlässigt wurde und sich daher gegenwärtig noch in einem ganz jungen Anfangsstadium befindet. Es ist sozusagen noch ein Kleinkind, das einer besonders sorgfältigen Pflege bedarf. Es muß eigentlich Erstaunen erregen, daß die marxistische Gesellschaftswissenschaft gerade dieses Gebiet so stiefmütterlich behandelt hat, da doch der dialektische und historische Materialismus die außerordentliche Bedeutung der Produktivkräfte, ihre zutiefst revolutionäre und letztlich bestimmende Rolle aufgedeckt hat.

Es ist deshalb sicher nützlich, einige Überlegungen zur Erklärung dieser Erscheinung anzustellen.

In den Werken von Marx und Engels finden wir eine Vielzahl sehr tiefer Gedanken über die Rolle der Produktivkräfte und die Wechselwirkungen, die zwischen den Produktivkräften und den anderen Sphären der Gesellschaft, den Produktionsverhältnissen, der ökonomischen Basis und dem Überbau bestehen. In diesem Zusammenhang möchte ich nur auf das 13. Kapitel „Maschine und große Industrie" im „Kapital" verweisen, in dem Marx so musterhaft sowohl historisch für die Zeit der industriellen Revolution des Kapitalismus wie auch allgemein theoretisch die gesellschaftliche Rolle der Produktivkräfte herausarbeitet. Auch in den Arbeiten von Engels finden wir eine Vielzahl wertvollster Untersuchungen zur Geschichte der Produktivkräfte; nicht nur im ‚Anti-Dühring' und in der ‚Dialektik der Natur', sondern eingestreut in viele historische und ökonomische Studien. Ich möchte als Beispiel nur ein Zitat anführen, das von der genialen Voraussicht Engels' in der Beurteilung der gesellschaftlichen Rolle der Elektrizität zeugt. Engels sprach von dem Vorzug der Elektrizität, sie über große Entfernungen leiten zu können und sagte, daß „das endgültig die Industrie fast von allen ihr durch örtliche Bedingungen auferlegten Schranken befreit und die Ausnutzung der entlegensten Wasserkraft möglich macht. Und wenn sie anfangs auch nur für die Städte von Nutzen sein wird, so wird sie letzten Endes zum allermächtigsten Hebel für die Aufhebung des Unterschiedes zwischen Stadt und Land werden." [1] Engels verbindet hier schon den spezifischen Charakter der Elektrizität mit einer typischen Aufgabe der sozialistischen Gesellschaft, und wir finden von dieser Feststellung eine gerade Linie zu der berühmten Leninschen Formel „Kommunismus = Sowjetmacht plus Elektrifizierung ...", die in den Beschlüssen des XXII. Parteitages der KPdSU wieder ihre große historische Bestätigung fand.

So wertvoll diese zahlreichen Äußerungen Marx' und Engels' zur Rolle und Entwicklung der Produktivkräfte sind und so erforderlich ihre systematische Auswertung ist, so haben aber Marx und Engels trotz der außergewöhnlichen Breite ihrer wissenschaftlichen Arbeit der Nachwelt weder einen Gesamtabriß noch Fragmente einer Geschichte der Produktivkräfte hinterlassen. Diese Tatsache erklärt sich, glaube ich, daraus, daß es nicht Aufgabe des Proletariats zur Zeit von Marx und Engels war und sein konnte, die Aufmerksamkeit auf die Entwicklung der Produktivkräfte zu richten. Die historische Aufgabe des Proletariats war es, den Kampf mit dem Ziel der Beseitigung der kapitalistischen Produktionsverhältnisse zu entfalten. Es ist nur natürlich, daß sich Marx und Engels bei der Ausarbeitung des wissenschaftlichen Sozialismus schwerpunktmäßig von dieser konkreten historischen Aufgabenstellung in ihrer wissenschaftlichen Tätigkeit leiten ließen. Dennoch finden wir bei Marx gewissermaßen am Rande, in einer Fußnote im ‚Kapital', unter dem Gesichtspunkt der Vervollständigung der historisch-materialistischen Gesellschaftswissenschaft den so beachtenswerten Hinweis auf die Notwendigkeit der Ausarbeitung einer Geschichte der Produktivkräfte. Marx schreibt: „Eine kritische Geschichte der Technologie würde überhaupt nachweisen, wie wenig irgendeine Erfindung des 18. Jahrhunderts einem einzelnen Individuum gehört. Bisher existiert kein solches Werk. Darwin hat das Interesse auf die Geschichte der natürlichen Technologie gelenkt, d. h. auf die Bildung der Pflanzen- und Tierorgane als Produktionsinstrumente für das Leben der Pflanzen und Tiere. Verdient die Bildungsgeschichte der produktiven Organe des Gesellschaftsmenschen, der materiellen Basis jeder besondren Gesellschaftsorganisation, nicht gleiche Aufmerksamkeit?" [2]

Können wir also feststellen, daß für die Zeit bis zur Großen Sozialistischen Oktoberrevolution eine objektive, historische Berechtigung vorlag, den Problemen der Erforschung der Entwicklung der Produktivkräfte in der marxistischen Gesellschaftswissenschaft eine zweit- oder drittrangige Stellung beizu-

[1] Marx/Engels, Werke, Bd. 27, Moskau 1935, S. 289 (russ.).

[2] Marx, Karl, Das Kapital, Bd. I, Berlin 1955, S. 389.

messen, so mußte sich dieses Verhältnis mit der Oktoberrevolution radikal ändern. Vor der siegreichen Arbeiterklasse stand mit der Errichtung der Diktatur des Proletariats nicht nur die Aufgabe, bewußt, wissenschaftlich gerüstet die neuen sozialistischen Produktionsverhältnisse zu gestalten, sondern sie wurde zugleich zum Herrscher über die Gesamtheit der gesellschaftlichen Produktivkräfte. Vor der Arbeiterklasse stand die neue Aufgabe, planmäßig auf der Grundlage der Gesetzmäßigkeit die gesellschaftlichen Produktivkräfte mit höchstem Tempo zu entwickeln, denn entsprechend dem für den gesellschaftlichen Fortschritt letztlich entscheidenden Charakter der Produktivkräfte hat der Sozialismus-Kommunismus erst dann endgültig gesiegt, wenn er eine höhere Arbeitsproduktivität entwickelt hat als der Kapitalismus. Die Leninsche Partei orientierte die Arbeiterklasse mit aller Energie auf diese Aufgabenstellung. Wir können daher auch feststellen, daß sich in den zwanziger Jahren eine ganze Reihe sowjetischer Gesellschaftswissenschaftler der Erforschung der Entwicklung der Produktivkräfte zuwenden. So stammen z. B. aus dieser Zeit Forschungen zu dem Problem der Rationalisierung, die wohl noch heute mit zu den besten marxistischen Untersuchungen dieser Problematik zu zählen sind. Man denke hier zum Beispiel an die Arbeiten von Ermanski.

Mit dem Eindringen des Dogmatismus in die marxistische Theorie kamen die begonnenen Forschungen über die Entwicklung der Produktivkräfte zum Erliegen. So konnte es auch geschehen, daß der Versuch einiger sowjetischer Wissenschaftler zu Beginn der dreißiger Jahre, die für die theoretischen und methodologischen Probleme der Geschichte der Produktivkräfte so überaus wertvollen Manuskripte von Marx über die Geschichte der Technik zu veröffentlichen, vergeblich blieb. Es handelt sich um Marx' bisher nicht veröffentlichtes 5., 19. und 20. Arbeitsheft und um ein Heft mit von Marx kommentierten Auszügen aus Werken der Geschichte der Technik, die im Archiv des Instituts für Marxismus-Leninismus in Moskau liegen. In Kürze können wir aber nun mit ihrem Erscheinen rechnen. Im Zuge der Überwindung des Dogmatismus nach dem XX. Parteitag orientierte bekanntlich vor allem der XXII. Parteitag der KPdSU die Partei wieder im vollen Maße auf die schnelle Entwicklung der Produktivkräfte, auf die Schaffung der materiell-technischen Basis des Sozialismus-Kommunismus. Es ist deshalb ein Ausdruck der Beachtung der von der Partei gestellten Aufgaben, wenn sich in den vergangenen Jahren mehr und mehr marxistische Gesellschaftswissenschaftler dieser Problematik auch in ihrer historischen Entwicklung zuwandten.

Wenn ich bisher über das Problem Produktivkräfte nur in der marxistischen Historiographie sprach, so müssen wir jedoch sehen, daß für einen Teilbereich der Geschichte der gesellschaftlichen Produktivkräfte, nämlich die Technik, ein beachtlicher Fundus bürgerlicher historischer Forschung vorliegt. Die bürgerliche Technikgeschichte begann sich gegen Ende des 19. Jahrhunderts als selbständige Disziplin herauszuschälen. Sie wuchs aber sehr schnell und genießt auch gegenwärtig eine außerordentliche Unterstützung durch die Großindustrie. Diese starke Unterstützung insbesondere im Verlauf des 20. Jahrhunderts ist nicht zuletzt darauf zurückzuführen, daß das Monopolkapital erkannte, in welch erheblichem Maße man mit Hilfe der Geschichte der Technik ideologisch Einfluß nehmen kann. So beinhaltet jede *nur technische* Darstellung des schnellen technischen Fortschritts unter dem Kapitalismus und Imperialismus schon Elemente der ideologischen Verwirrung, weil sie letzten Endes über den faulen, morschen und widerspruchsvollen Charakter des Imperialismus hinwegtäuscht.

Es ist im Rahmen dieses Vortrags nicht der Platz, eine weitgehendere Einschätzung der bürgerlichen Technikgeschichte zu geben.

Nur so viel sei gesagt: Als Grundtendenz zeigt sich eine durch und durch rein faktologische Forschung und Darstellung, obwohl wir auch Ansätze finden, die Technikgeschichte im Sinne einer materialistischen Geschichtsbetrachtung zu fundieren. In dieser Richtung gehört wohl die erste wissenschaftliche Arbeit von C. Matschoss – seine 1906 geschriebene Geschichte der Dampfmaschine – zu den bedeutendsten bürgerlichen technik-geschichtlichen Studien. Aber sie blieb auch Matschoss' wertvollste Arbeit, er verließ diesen Weg und reduzierte später die Technikgeschichte auf eine Geschichte der Erfindungen und Erfinder. Man darf jedoch nicht übersehen, daß in der gegenwärtigen bürgerlichen Technikgeschichte Stimmen laut werden, die nach einer neuen Konzeption der Technikgeschichte suchen. So schreibt Otto Mahr: „Wenn wir die seitherige Technikgeschichte überwinden und eine neue schaffen wollen, dann kann das Neue nur in der modernen philosophischen Anthropologie gründen. Denn der Mensch ist der eigentliche Gegenstand der Technikgeschichte ..." [3] Das heißt, man sucht Auswege, ist aber nicht bereit und fähig, sich von der idealistischen Grundkonzeption zu lösen. Es kommt hinzu, daß die bürgerlichen Technikhistoriker gegenwärtig unter dem massiven Druck der apologetischen und antihumanen Theorien der führenden westlichen Philosophen stehen, die sich in den letzten Jahren mehr und mehr der Problematik, Technik und Gesellschaft zuwenden.

Das heißt, die bürgerliche Technikgeschichte hat einen kaum noch zu überschauenden wertvollen Fundus an technikgeschichtlichem Material hinterlassen, bietet aber keine ernsthaften Anknüpfungspunkte in der theoretischen Durchdringung des Stoffes.

[3] Mahr, Otto, Zur Autonomie der Technikgeschichte, Sudhoffs-Archiv für Geschichte der Medizin und der Naturwissenschaften, Wiesbaden, 1958, Bd. 42, Heft 1, S. 46.

Die in der Zeit der Entfaltung der bürgerlichen Technikgeschichte entstandenen Institute für Geschichte der Technik an Technischen Universitäten, Hochschulen, oder – wie in Moskau – auch an der Akademie der Wissenschaften, wurden bei uns bis in die Gegenwart weitergeführt. Der größte Teil der Mitarbeiter sind marxistische Gesellschaftswissenschaftler, die sich selbstverständlich bemühen, die Entwicklung der Technik vom Standpunkt des historischen Materialismus her zu erfassen. Jedoch zeigen die Arbeiten dieser Institute vielfach noch ein starkes Übergewicht der faktologischen Darstellung. Es lohnt wohl, deshalb die Frage aufzuwerfen, inwieweit die überkommene Fassung der Technikgeschichte als selbständige Disziplin nicht die marxistische Fragestellung nach der Gesetzmäßigkeit der Entwicklung der Produktivkräfte hemmt.

Auf diese Frage sei etwas näher eingegangen, und zwar an Hand des vor kurzem erschienenen Buches von S. W. Schuchardin „Grundlagen der Geschichte der Technik".[4] Schuchardin definiert die Technik im wesentlichen als die Gesamtheit der Arbeitsmittel. Damit kann man einverstanden sein. Aber den Gegenstand der *Geschichte* der Technik formuliert er als „die Wissenschaft von den Entwicklungsgesetzen des Produktionsprozesses materieller Güter in den verschiedenen gesellschaftlichen Formationen ... Sie zeigt, welche Arbeitsmittel die Menschen in verschiedenen gesellschaftlichen Formationen anwandten, wie sich Produktionserfahrungen und Arbeitsfertigkeiten im Produktionsprozeß veränderten."

Das heißt also, während Schuchardin die Technik im wesentlichen als die Arbeitsmittel definiert, erweitert er den Gegenstand der Geschichte der Technik zu einer Geschichte der Produktivkräfte, ja des Produktionsprozesses überhaupt. Das läßt sich aber doch wissenschaftlich nicht rechtfertigen. Schuchardin wehrt sich in dem Abschnitt über den Terminus Technik mit Recht dagegen, die menschliche Produktivkraft der Technik zuzuordnen, aber faktisch wird dem Gegenstand der Geschichte der Technik nach seiner Definition die Gesamtheit der Produktivkräfte, also auch die Produktivkraft Mensch, eingegliedert.

Diese Diskussion um den Gegenstand der Technikgeschichte stellt, glaube ich, eine wichtige Auseinandersetzung mit dem bürgerlichen Zopf der Technikgeschichtstradition dar. Es ist doch auch kein Zufall, daß die schon seit langer Zeit an Universitäten und Technischen Hochschulen bestehenden Lehr- und Forschungseinrichtungen so geordnet sind, daß meist Technik-, Medizin- und Naturwissenschaftsgeschichte in einem Institut zusammengefaßt sind. Das entspricht natürlich der idealistischen bürgerlichen Technik-Konzeption. Wenn

[4] Schuchardin, S. W., Grundlagen der Geschichte der Technik, Leipzig 1963.

F. Dessauer sagt, daß die Technik die Form der Verwirklichung der menschlichen Idee ist [5], eine Auffassung, die im Prinzip von den meisten bürgerlichen Technikhistorikern geteilt wird, so ist sowohl die Formulierung einer selbständigen Wissenschaft der Geschichte der Technik, als auch die Bildung einer Gruppe mit den genannten drei historischen Disziplinen verständlich.

Schuchardin sieht natürlich diese Problematik, aber er spricht sie nicht offen aus, sondern erweitert gewissermaßen stillschweigend den Gegenstand der Geschichte der Technik im Sinne der marxistischen Geschichtsauffassung zu einer Geschichte der Produktivkräfte. In Anbetracht der dringenden Förderung der Erforschung der Geschichte der gesellschaftlichen Produktivkräfte leistet man mit einer solchen Definition des Gegenstandes der Geschichte der Technik der Geschichte der Produktivkräfte keinen sonderlichen Dienst. Solange die Geschichte der Produktivkräfte der Geschichte der Technik subsumiert wird, ist die Aufmerksamkeit bei der Untersuchung der Geschichte der Produktivkräfte bewußt oder unbewußt in erster Linie auf die Technik gerichtet und die anderen Elemente der Produktivkräfte, vor allem die Produktivkraft Mensch, werden dann doch nur so weit mit herangezogen, wie es zur Erklärung der technischen Entwicklung notwendig ist. Auf diesem Wege wird es aber außerordentlich schwer sein, den Rückstand in unseren Kenntnissen über die Entwicklung der menschlichen Produktivkraft sowie der Gesetze der Produktivkräfte überhaupt, schnell aufzuholen.

Es scheint notwendig, daß man diese Probleme einer gründlichen marxistischen Kritik unterzieht, unter Umständen auch mit der Konsequenz, die Einordnung alter, gewohnter, schon festetablierter Begriffe zu verändern.

Wenn wir die historische Entwicklung der Technik untersuchen, dann betrachten wir nicht die Technik als eine für sich bestehende Maschine, nicht als eine Geschichte von technischen Ideen, Konstruktionen oder Erfindungen, sondern die Technik als Arbeitsmittel im gesellschaftlichen Produktionsprozeß, als einen der wichtigsten Teile der gesellschaftlichen Produktivkräfte. Uns geht es doch letztlich darum, die Rolle der Technik im Rahmen des gesellschaftlichen Fortschritts zu erfassen.

Fassen wir aber den Gegenstand der Geschichte der Technik als die historische Betrachtung der Technik im Sinne unserer Definition der Technik, und das wäre doch die einzige wissenschaftlich zulässige Methode, so müssen wir mit aller Konsequenz feststellen, daß uns die Geschichte der Technik als selbständige Wissenschaft nicht die Möglichkeit gibt, den Entwicklungsprozeß der Technik als Produktivkraft zu erfassen. Bleiben wir aber noch einmal bei der Geschichte der Technik als selbständiger Wissenschaft. Was könnte man

[5] Dessauer, F. Über Wesen und Würde der Technik in Forum, Wien 1954 Bd. 9 S. 10.

aus ihrem Gegenstand an Gesetzmäßigkeiten erfassen? Eine Fülle naturgesetzlicher Bedingungen und Wechselwirkungen – aber wir sind nicht in der Lage, die Ursachen der realen Entwicklung der Technik aufzudecken. Um das zu können, müssen wir, weit über den Bereich der Technik hinaus, die Technik als einen Teil der gesellschaftlichen Produktivkräfte betrachten, sie in der überaus wichtigen Wechselwirkung mit allen Elementen der Produktivkräfte untersuchen und den aktiven Einfluß der Produktionsverhältnisse beachten. Genausowenig wäre es auch möglich, die Geschichte der Produktivkraft Mensch zu einer eigenen historischen Wissenschaft zu machen. Weder der Mensch noch die Technik oder die Rohstoffe sind von sich aus von vornherein Produktivkräfte, sie werden es erst im gemeinsamen Zusammenwirken im gesellschaftlichen Produktionsprozeß. Deshalb ist die Gesetzmäßigkeit ihrer Entwicklung auch nur aus diesem Zusammenwirken aller Elemente der gesellschaftlichen Produktivkräfte zu verstehen.

Daraus ergibt sich, daß man die Frage der Geschichte der Technik als einer selbständigen Wissenschaft aufwerfen muß. Das soll natürlich nicht ausschließen, daß unter den Historikern, die sich mit der Geschichte der Produktivkräfte befassen, eine Arbeitsteilung besteht und ein Teil sich auf den überaus wichtigen Bereich der Technik konzentriert. Aber die Geschichte der Technik kann nur eine Teildisziplin der Wissenschaft von der Geschichte der Produktivkräfte sein.

Schuchardin sieht das, aber er klammert sich so an den Begriff der Geschichte der Technik als einer selbständigen Wissenschaft, daß er eher bereit ist, den Gegenstand der Geschichte der Technik in einer nicht zu rechtfertigenden Weise zu definieren. Diese Inkonsequenz muß man ihm zum Vorwurf machen.

Die hier aufgeworfenen Fragen sind natürlich zum Teil von recht weitreichender Bedeutung, nicht zuletzt auch für die Struktur unserer gesellschaftswissenschaftlichen Arbeit. Es sind Fragen, die im Interesse eines schnellen gesellschaftswissenschaftlichen Fortschritts auf diesem Gebiet dringend einer gründlichen Klärung durch einen fruchtbaren wissenschaftlichen Meinungsstreit bedürfen.

Es ist, so glaube ich, auch bezeichnend, daß die Frage nach den Gesetzen der Entwicklung der Produktivkräfte zuerst von den Ökonomen, Wirtschaftshistorikern und Philosophen aufgeworfen wurde. In dieser Diskussion, die vor zwei, drei Jahren in der Sowjetunion, bei uns in der DDR und in anderen Ländern begann, stießen die extremsten Auffassungen marxistischer Gesellschaftswissenschaftler aufeinander. So wurde von einigen Gesellschaftswissenwissenschaftlern die Existenz einer Gesetzmäßigkeit, einer inneren Dialektik der Produktivkräfte überhaupt, negiert.

Die Vorstellung von der nichtexistenten Gesetzmäßigkeit der Entwicklung der Produktivkräfte ist aber eine Folge des nicht genügenden Eindringens in die gesellschaftliche Gesetzmäßigkeit der Ausbeutergesellschaft. Die Tatsache, daß alle Beziehungen zwischen den Elementen der materiellen Produktion sich in dem Gewand ökonomischer Beziehungen ausdrücken, die sich hinter dem Rücken des Menschen spontan durchsetzen, erzeugt den Eindruck von einer allmächtigen und letztlich bestimmenden Rolle der Produktionsverhältnisse. Die gesellschaftlichen Beziehungen scheinen auf den Kopf gestellt. Dieses dem antagonistischen Charakter einer auf Privateigentum basierenden Gesellschaft entspringende Vexierbild für das Wesen zu nehmen, bedeutet letzten Endes, sich selbst auf den Kopf zu stellen. Wenn der Gesellschaft im Kapitalismus auch im wesentlichen nur die spontane, mit Gewalt sich durchsetzende ökonomische Gesetzmäßigkeit sichtbar wird, so bedeutet das noch lange nicht, daß es keine Gesetzmäßigkeit der Produktivkräfte gibt. Im Gegenteil.

So zeigt uns Marx z. B. im Zusammenhang mit der Schatzbildung im Kapitalismus die Wechselwirkung zwischen der Gesetzmäßigkeit der Produktivkräfte und den ökonomischen Beziehungen, die Form, worin jene sich durchsetzen. Er schreibt: „Da die Proportionen, worin der Produktionsprozeß erweiterbar, nicht willkürlich, sondern technisch vorgeschrieben sind, so kann der realisierte Mehrwert, obgleich zur Kapitalisierung bestimmt, oft erst durch die Wiederholung verschiedener Kreisläufe zu dem Umfang heranwachsen (muß also bis dahin aufgehäuft werden), worin er wirklich als zuschüssiges Kapital fungieren oder in den Kreislauf des prozessierenden Kapitalwerts eingehen kann. Der Mehrwert erstarrt also zum Schatz und bildet in dieser Form latentes Geldkapital." [6]

Zweifellos gehört dieses Gesetz von der Notwendigkeit der proportionalen Entwicklung der Produktivkräfte zu den bedeutendsten und wichtigsten Gesetzen der Produktivkräfte. Die jeweiligen Proportionen zwischen den Elementen der Produktivkräfte ergeben sich mit Notwendigkeit aus dem Stand der Produktivkräfte, sie sind, wie Marx sagt, „technisch vorgeschrieben". Das Gesetz der proportionalen Entwicklung der Produktivkräfte gewinnt an Gewicht und Bedeutung in dem Maße, wie die gesellschaftliche Arbeitsteilung voranschreitet. Dieses Gesetz wirkt in allen Sphären der materiellen Produktion, sowohl im einzelnen Produktionsbetrieb – hier ist sogar der kapitalistische Unternehmer weitgehend in der Lage, es anzuwenden – wie auch im Maßstab der Volkswirtschaft und in zunehmendem Maße im internationalen Rahmen.

[6] Marx, Karl, Das Kapital, Bd. II, Berlin 1955, S. 73/74.

In der sozialistischen Gesellschaft verdient das Gesetz der proportionalen Entwicklung der Produktivkräfte eine außerordentliche Beachtung. In einer auf bewußter Planung basierenden Gesellschaftsordnung müssen die Gesetze der Produktivkräfte genauso erforscht und angewendet werden, wie die der Produktionsverhältnisse. Die sozialistische Planung ist allseitig, sie erstreckt sich auf die Planung der Produktivkräfte, der Produktionsverhältnisse wie auch entscheidender Bereiche des Überbaus. Grundlage dieser Planung sind die objektiv wirkenden Gesetze dieser Bereiche und der wichtigen Wechselwirkungen zwischen ihnen. Um die ökonomischen Verhältnisse im Sozialismus so zu gestalten, daß sie im höchsten Maße fördernd auf die Entwicklung der Produktivkräfte wirken, ist eine genaue Kenntnis der Entwicklungsgesetze der Produktivkräfte notwendig; andererseits ist die planmäßige Entwicklung der Produktivkräfte die Grundlage für die bewußte Gestaltung und Entwicklung der Produktionsverhältnisse. Die auf dem XXII. Parteitag der KPdSU gestellte Hauptaufgabe – Schaffung der materiell-technischen Basis des Kommunismus – ist ein solch gewaltiger, wissenschaftlich erarbeiteter Perspektivplan der Entwicklung der Produktivkräfte, und Mikojan sagte dazu: „Das ist auch jenes Hauptbindeglied, mit dessen Hilfe man die ganze Kette des Aufbaus der kommunistischen Gesellschaft nachziehen und die Umwandlung der sozialistischen Verhältnisse in kommunistische gewährleisten kann." [7]

Eine der wichtigsten proportionalen Beziehungen zwischen den Elementen der Produktivkräfte, ja überhaupt eine der wichtigsten dialektischen Beziehungen innerhalb der Produktivkräfte ist die zwischen der Technik und dem Menschen. Die Tatsache, daß sich Technik und Mensch im Kapitalismus als bestimmte Teile des Kapitals, als konstantes und variables Kapital, gegenüberstehen, enthebt uns nicht der Notwendigkeit festzustellen, daß dieser ökonomischen Form letztlich eine konkrete Beziehung der Produktivkräfte zugrunde liegt. Die Anwendung der Technik erfordert, einen bestimmten Stand ihrer Entwicklung vorausgesetzt, ein quantitativ und qualitativ ganz bestimmtes Maß menschlicher Produktivkraft. Marx sagt sehr deutlich: „Daß jede Nation verrecken würde, die, ich will nicht sagen für ein Jahr, sondern für einige Wochen die Arbeit einstellte, weiß jedes Kind. Ebenso weiß es, daß die den verschiedenen Bedürfnissen entsprechenden Massen von Produkten verschiedene und quantitativ bestimmte Massen der gesellschaftlichen Gesamtarbeit erheischen. Daß diese Notwendigkeit der Verteilung der gesellschaftlichen Arbeit in bestimmten Proportionen durchaus nicht durch die *bestimmte Form* der gesellschaftlichen Produktion aufgehoben, sondern nur *ihre Erscheinungsweise* ändern kann, ist self evident (selbstverständlich). Natur-

[7] „Presse der Sowjetunion", Nr. 129/1961, Berlin, S. 2806.

gesetze können überhaupt nicht aufgehoben werden. Was sich in historisch verschiedenen Zuständen ändern kann, ist nur die *Form*, worin jene Gesetze sich durchsetzen." [8]

Für Marx ist also die Proportion zwischen einer bestimmten Masse von Produkten oder, drücken wir es anders aus, den zur Herstellung einer bestimmten Masse von Produkten notwendig fungierenden Arbeitsmitteln und der qualitativ und quantitativ notwendigen menschlichen Produktivkraft eine gesetzmäßige Beziehung, die durch ihre konkrete gesellschaftliche Form, ihr Produktionsverhältnis nicht letztlich bestimmt oder aufgehoben wird, sondern nur ihre Erscheinungsweise ändert. Für Marx ist die Existenz von Gesetzen der Produktivkräfte „self evident". Was sich in historisch verschiedenen Zuständen ändern kann, ist nur die Form, worum die Gesetze der Produktivkräfte sich durchsetzen. Das gleiche Problem finden wir zum Beispiel in der Gegenüberstellung der technischen Zusammensetzung und der organischen Zusammensetzung des Kapitals. Die technische Zusammensetzung als Verhältnis der materiell-vergegenständlichten Produktionsbedingungen zur Produktivkraft Mensch ist Grundlage der organischen Zusammensetzung und findet in ihr die historisch bedingte ökonomische Form. Bekanntlich können sich Inhalt und Form (Z und C) durch Wertänderungen unterschiedlich verändern.

Die Erforschung der gesetzmäßigen Beziehungen zwischen der Technik und der Produktivkraft Mensch ist von außerordentlich großer Bedeutung. Ihre Kenntnis ist die Grundlage einer wissenschaftlichen Arbeitskräfte- und Ausbildungsplanung. Diese Frage ist deshalb so kompliziert, weil unter den Bedingungen einer immer stärkeren Verwissenschaftlichung der materiellen Produktion Quantität und Qualität der menschlichen Produktivkraft mit ganz erheblich weiterer Perspektive sehr konkret geplant werden müssen.

Weitere Überlegungen zeigen, daß es sicher berechtigt ist, auch solche Gesetze der Produktivkräfte zu formulieren wie: zunehmende Spezialisierung und Arbeitsteilung, wachsende Vergesellschaftung, schnelleres Wachstum des Anteils der vergegenständlichten Arbeit gegenüber dem der lebendigen Arbeit, damit in Zusammenhang wachsender Anteil der Verausgabung von geistiger Kraft gegenüber dem Anteil von Muskelkraft oder die Ungleichmäßigkeit der Entwicklung der Produktivkräfte bei gleichzeitiger Tendenz, ein allgemeines Niveau auf dem Stand der jeweils höchsten Entwicklung herzustellen. Allein unsere auf gründlichen Forschungsergebnissen beruhenden Kenntnisse der Gesetze der Produktivkräfte sind noch so gering, daß wir von einer marxistischen Theorie der Produktivkräfte noch weit entfernt sind.

[8] Marx, Karl, Das Kapital, Bd. I, Berlin 1955, S. 838. Hervorhebungen im Original.